終末

――神のミステリー計画のすべてを解く

華原いづみ

今日の話題社

終末——神のミステリー計画のすべてを解く　目次

第一章　イエスは何故「また来る」と言い残したのか？

《十字架》と《復活》だけではなかった、イエス様の使命

イエス様が、堕落した人間に神の心を与えるために来られたこと。

十字架にかかり、三日目に蘇られたこと。

終末に再臨してクリスチャンを救い上げられること。


これらを知らないクリスチャンはいないだろう。


今、終末の時、ただひたすらにイエスの再臨を待っている彼らに、

「イエス様は再臨されない」

「イエス様は十字架の贖《あがな》いの他に、もう一つの全く異なる使命があった」

と言ったら、彼らは信じるだろうか。否、絶対に信じないだろう。

しかし、イエス様は存命中に、はっきりと、その「使命」について語っておられるのである。

それは、十字架に劣らぬ重大な使命であった。

先入観のこわさ

イエス様が来臨される時、多くの預言者が、その千年以上も前から、多くの預言を残していた。

預言には二通りあったが、ユダヤ人には、メシヤ来臨に対する強い先入観があった。

第一は、アブラハムに与えられた、祝福の約束である。

「私はあなたを、大いなる国民とする。あなたを祝福し、その名を大いなる者とし……」

イザヤの預言

「ひとりの男の子がわれわれに与えられた。
まつりごとはその肩にあり、
その名は『霊妙なる義士、大能の神、
とこしえの父、平和の君』ととなえられる。
そのまつりごとと平和とは、増し加わって限りなく、
ダビデの位に座してその国を治め、

今より後、とこしえに公平と正義とをもって
これを立て、これを保たれる」
（イザヤ書第9章）

ミカによる預言

「ベツレヘム・エフラタよ、
あなたはユダの氏族のうちで小さい者だが、
イスラエルを治める者があなたのうちから
わたしのために出る。
（中略）
彼は主の力により、
その神、主の名の威光により、

立ってその群れを養い、
彼らを安らかにおらせる。
今、彼は大いなる者となって、
地の果にまで及ぶからである」
（ミカ書第5章）

これらは皆、イエスが「王の王」として来られるという預言である。
しかし、イエスについての預言は、他にもあった。
イザヤ書、詩篇、エレミヤ書などに書かれている預言は、「王の王」としてではなく、
信ずることなど到底できない預言であった。

「彼にはわれわれの見るべき姿がなく、威厳もなく、
われわれの慕うべき美しさもない。

彼は侮られて人に捨てられ、
悲しみの人で、病を知っていた。
（中略）
まことに彼はわれわれの病を負い、
われわれの悲しみをになった。
（中略）
彼はみずから懲しめをうけて、
われわれに平安を与え、
その打たれた傷によって、
われわれはいやされたのだ」
（イザヤ書第53章）

「シオンの娘よ、大いに喜べ、

エルサレムの娘よ、呼ばわれ。
見よ、あなたの王はあなたの所に来る。
彼は義なる者であって勝利を得、
柔和であって、ろばに乗る。
すなわち、ろばの子である子馬に乗る」
（ゼカリヤ書第9章）

ここから見えてくるメシヤは、ユダヤ人の王として頼り甲斐のある指導者とは、とても思えない姿である。高ぶることなくロバ、子ロバに乗る。そんなバカバカしいことを信じられるはずもなかった。

このように預言は二通りあった。それは、イエスがメシヤとして受け入れられた場合と、受け入れられず迫害された場合の二通りであったが、結局のところ彼らはイエスを受け入れず、イエスはその場合の預言どおりの人生を歩まれたのである。

私がここで言いたいのは、すべての預言が一分一厘もたがわず成就したのであるが、そのことはすべて結果を知った後で聖書を読むからわかるのだ、ということである。もし私が、イエスを迫害した彼らと同じ時期、同じ立場であったならば、それらの預言は決して心に留まることはなかったのではないか、と思うのである。

それが、先入観のこわさである。そして、それと同じことが、今のクリスチャンにも起こっているのである。

終末の再認識

私の永いクリスチャン生活、四十年以上待ち続けた、イエスの再臨。

二十一世紀を迎え、迫り来る最後の審判の恐怖と心の準備。

クリスチャンとして当たり前の生活を送っていた私は、ある一冊の本に出会って、大変なショックを受けたのである。

その本を、ここでは仮に「A書」と呼ぶこととしよう。

私は「A書」を読んで、いま一度、旧約聖書を読み返してみるとともに、今の宗教界の動向を知るため、近年出版されている三十冊以上の本を読んだ。

それらは、

『ヨハネの黙示録……』

『イエスの再臨……』
『失われたイスラエル支族と日本……』
『大本教　出口王仁三郎の警告……』
『日月神示……』

等々が、数人の研究家によって書かれていた。

皆、私と同じようなことを考えていたのだ。

イエスが復活後、弟子たちの前に現れ、「私はまた来る」と言い残されたことと、ヨハネ黙示録による「最後の審判」――、これらによる先入観が、他の大切な事や預言を見失わせ、それらのことに全く目が行かなくなっていたのである。

第二章　再創造の歴史過程

神の摂理とその目的

聖書は、神の天地創造の歴史の書である。

神の創造は、まず天地すべてを整え、最後に自分に似せてアダムを創り、その骨の一部でエバを創られ、彼らを麗しいエデンの園に住まわせた。ここで神の創造は終わったのだ。

この神の創造の過程を、我々はしっかりと把握していなければならない。

六日（六千年）かけてすべてを創り、七日（七千年）目に休まれた。ゆえに、七日目は休日となっているが、創造されたものにとっては、七日目は育つ期間であった。

「神が造ったすべての物を見られたところ、それは、はなはだ良かった」
（創世記1章）

と書かれているように、神は、悪は一つも創られなかった。

しかし、成長の期間に、アダムとエバは神の戒めを破って堕落してしまい、ついにはエデンの園から追放される。

そこで神は再び六千年かけてアダムとエバを創り直されることとなり、「アダムとエバの子、カインとアベル。ノアとその子供達、アブラハム、イサクとヤコブ」と失敗を繰り返しながら、何とか四千年目に後のアダム——イエス——が完成し、イエスの教えを世界に広めながら、すべてが完成する六千年目の時を迎えたのである。

●その最後の時に、なぜイエスが再臨なさるのか?

●最後の審判とは何なのか?

●神は、本当にこれらを計画なさったのか?

考えたあげくの、私の答えは、「否」である。

それが何故か、を解く前に、神の創造の歴史を一通り、簡単に書き述べておきたいと思う。

なお、以下の内容は、「A書」から噛み砕いて使わせていただいた。

神の創造と人間の失敗

神は、天地創造を成されるために、その助け手として、多くの天使を創造された。

「智」の天使長ルーシェル
「情」の天使ミカエル
「意」の天使ガブリエル

の三天使と、彼らに仕える多くの天使たちであった。

彼らは、心をこめ力を尽くして、エデンの園を神の思いのままに作り上げた。

ところが、彼らが作り上げた素晴らしいエデンの園は、最後に創られた神の子、アダムとエバのところであった。そして、神は、子として自らに似せて創られたアダムとエバを最高に愛されたのである。

天使は、もともと神と人との助け手としての存在であったが、最高の位置にいたルーシェルは、創造が終わるまでは神の相談役として最も近くに侍り、最高の愛を受けていたため、アダムとエバに激しく嫉妬し、二人誘惑して堕落させてしまったのである。

これが有名な失楽園の物語であり、ここに於いて神の子の創造は無に帰し、神はアダムとエバを再創造しなければならなくなったのである。

再創造の歴史

アダムとエバは、カインとアベルを産んだ。
神は、一時も早く、堕落した神の子を元に戻そうと、カインを天使長の立場に、アベルを神の子の立場に立てて、天使長の妬みから入り込んできた汚い心を何とか元返ししようと摂理されたのであるが、彼らに神の心を理解できるはずもなく、カインはアベルを殺してしまい、失敗に終わってしまったのである。

それから神は再びその時を待たれるのであるが、アダムとエバはその後、セツを産み、堕落した神の子が殖えていった。
人の間には争いが絶えず、その思い図る事は悪い事ばかり。セックスは乱れに乱れ、神は人を創ったことを悔い、すべてを滅ぼそうと図られた。

しかし、ノアは正しい人だったため、神はノアによって創り直そうと考えられた。

神は、ノアに巨大な箱舟を造るよう命ぜられた。それは三層になった実に巨大なもので、ノアは百二十年かけてそれを完成したのであるが、これが有名な「ノアの箱舟」の物語である。

そしてノアは、神に命じられるままに、妻と三人の子、セム、ハム、ヤペテとその妻たちと、必要なすべてのものを乗せるのである。

全人類を滅ぼし、ノアの家族によって再創造されるはずであったこの摂理は、ハムの失敗によって無に帰し、百二十年耐えてきたノアの怒りは想像を絶する烈しさでハムを呪う。黒人であるハムの子孫は文明より取り残され、後に奴隷となって罪の業の清算の道を歩むことになるのである。

そしてセムは黄色人、ヤペテは白人としてそれぞれの地に住み、広がっていった。

アブラムの召命

神は三度目の摂理に、セム族からアブラム（後のアブラハム）を選ばれる。

「時に主はアブラムに言われた、
『あなたは国を出て、親族に別れ、父の家を離れ、
わたしが示す地に行きなさい。
わたしはあなたを大いなる国民とし、
あなたを祝福し、あなたの名を大きくしよう。
あなたは祝福の基となるであろう。
あなたを祝福する者をわたしは祝福し、
あなたをのろう者をわたしはのろう。
地のすべてのやからは、

あなたによって祝福される』」

（創世記第12章）


神は、自分より大いなるものは無いので、自分を指して誓われたのである。

このアブラムに与えられた契約を、すべての人はよくよく知っておく必要がある。

昔から「二度あることは三度ある」「三度目の正直」などと言われるように、「三」は完成の数であり、同時に失敗の許されない数なのである。

子、孫と三代かけても成功しなければならないアブラムの重責に対し、神もまた、最高の栄誉を与える約束をしておられるのであり、この祝福の言葉で、以後幾度も、事あるごとにアブラムを励まされている。

神の創造の最後の摂理が、ここから出発するのである。

アブラムの出発

アブラムは神の命令に従い、妻サラと弟の子ロトと従者と、ハランで得た財とを携えて、行方も知れず出発した。七十五歳であった。

神はアブラムに言われた。

「わたしは全能の神である。
あなたはわたしの前に歩み、全き者であれ。
わたしはあなたと契約を結び、
大いにあなたの子孫を増すであろう」

「あなたは多くの国民の父となるであろう。
あなたの名は、もはやアブラムとは言われず、
あなたの名はアブラハムと呼ばれるであろう。
わたしはあなたを多くの国民の
父とするからである」

(創世記第17章)

また、神は言われた。

「あなたの妻サラはあなたに男の子を産むでしょう。
名をイサクと名づけなさい。
わたしは彼と契約を立てて、
後の子孫のために永遠の契約としよう」

（同章）

イサクの誕生

アブラハムはイサクが産まれた時、百歳であった。これにより、神の契約は確かなものとなったのである。

サラは百二十九歳で一生を終える。

サラの死後、イサクはアブラハムの親族の娘、リベカを娶り、母の死後の慰めを得た。アブラハムもまた後添いとしてケトラを娶り六人の子を得た。アブラハムは、その所有するものすべてをイサクに与える一方で、これらの子をイサクと厳しく区別し、遠く東の方へ移らせたのである。

エソウとヤコブの誕生

イサクの妻リベカがみごもったのは、双子であった。
神は言われた。

「二つの国民があなたの胎内にあり、
二つの民があなたの腹から別れて出る。
一つの民は他の民よりも強く、
兄は弟に仕えるであろう」
（創世記第25章）

やがてエソウとヤコブが産まれる。

エソウは野人で狩りを好み、ヤコブは智者で母と共にいた。イサクはエソウを愛し、リベカはヤコブを愛した。

祝福を奪ったヤコブ

イサクは年老いて目が見えなくなり、死ぬ前に長子のエソウを祝福しようとしていた。それを知った妻のリベカは、自らの愛するヤコブにエソウの服を着せ、イサクの好きな肉を焼いて持たせて、ついにイサクの祝福を奪わせてしまうのである。

祝福を奪われたことを知ったエソウは、父イサクの死を待ってヤコブを殺そうと自分を慰めていたが、それを知ったリベカは、自分の親元にヤコブを逃れさせた。

ヤコブはその地に二十年の間とどまり、叔父ラバンの娘レアと愛するラケルとそれぞれの仕え女二人を妻とした。そして十一人の子を得て故郷に帰るのであるが、兄のエソウは、ヤコブを撃とうと四百人を率いて待ち構えていた。

ヤコブは大変悩み苦しみ、そして深く反省して、エソウから奪った祝福で得た多くの財宝の中から特に良いものを選んでエソウへの捧げ物として従者に持たせて先立たせ、自らは七度身をかがめて最敬礼をして近づくと、エソウの心は和らいで兄弟の心が蘇り、二人はなつかしさに手を取り合って泣いた。


ここに於いて、アダムとエバ、カインとアベルの罪は償われた。ヤコブは神から「イスラエル（神への勝利者）」の名が与えられ、再創造の摂理を担うこととなるのである。

そしてヤコブの愛妻ラケルは最後にベニヤミンを産むが、その産が重く、ついに命を失うのである。

エジプトへ

ヤコブは、愛妻ラケルの忘れ形見であるヨセフを溺愛した。そのためヨセフは兄弟たちに嫉まれ、エジプトに行く商人の群に売られてしまう。

その後ヨセフはエジプト王の奴隷として買い取られるのであるが、神の祝福を受けているため、エジプトと周辺を襲うことになる大飢饉を預言してエジプトの宰相に抜擢され、エジプト祭司の娘と結婚しマナセとエフライムを授かるのである。

やがて大飢饉が周辺の国を襲うが、ヨセフのおかげでエジプトにのみ食料があることを知った多くの人々が買い求めて来る中に、かつてヨセフを売った兄弟たちも、宰相がヨセフとは知らずに混じっていた。

兄弟たちに自らが弟であることを明かしたヨセフは、驚く兄弟たちを許し、大飢饉が長引くことを告げて、家族皆でエジプトに来るようにと呼び寄せるのである。

死んだと思っていたヨセフが生きていたことを知ったヤコブはたいそう喜び、家族七十人を連れてエジプトに移り住んだ。彼らは、王から、ヘブル人として少し離れた場所を与えられ、家畜を飼って住むのである。

マナセ・エフライムの祝福

ヤコブは、自分の終わりの近いことを知り、十二人の子供を集めて一人一人に将来を預言するのであるが、特に訳す必要があるのは、ユダに対する祝福である。

「ユダよ、兄弟たちはあなたをほめる。
あなたの手は敵のくびを押え、
父の子らはあなたの前に身をかがめるであろう。

（中略）

つえはユダを離れず、
立法者のつえはその足の間を離れることなく、
シロ〈メシヤ〉の来る時までに及ぶであろう。
もろもろの民は彼に従う」
（創世記第49章）

ヤコブは、ユダの子孫からメシヤの出ることを預言したのである。
アブラハムに与えられた祝福は、そのままヨセフとその子マナセ、エフライムに受け継がれた。ヤコブはすべて成し終えて、満足して息絶えた。

モーゼによるエジプト脱出

やがて時が過ぎ、ヨセフの事績を知らないエジプト王の時代となると、王はヘブル人が殖えることを恐れるようになった。そして彼らを迫害し、さらには奴隷として大いに苦しめるのであるが、ついに四百年を経て神はモーゼを召命し、イスラエル民族の救出を図られることになる。

エジプト軍に追われて、モーゼが紅海の水を割ってイスラエルの民を救った話は、映画にもなり有名である。

彼らはモーゼに率いられて、乳と蜜の流れる地・カナンを目指すのである。

十戒を神より与えられる

彼らがカナンに着くまでの四十年間の中で最も大切な出来事は、神がシナイ山でモーゼに与えられた「十戒」と言われる律法である。

それは生活全般に関するものであるが、特に大切なのは、第一の律法である。これが最も大切な戒めであった。

「わたしはあなたの神、主であって、あなたをエジプトの地、奴隷の家から導き出した者である。

あなたはわたしのほかに、なにものをも神としてはならない。

あなたは自分のために、刻んだ像を造ってはならない。

上は天にあるもの、下は地にあるもの、また地の下の水のなかにあるもののの、どんな形をも造ってはならない。

それにひれ伏してはならない。それに仕えてはならない。
あなたの神、主であるわたしは、ねたむ神であるから、
わたしを憎むものは、父の罪を子に報いて、三四代に及ぼし、
わたしを愛し、わたしの戒めを守るものには、
恵みを施して、千代に至るであろう」
（出エジプト記第20章）

その他には、

殺してはならない
姦淫してはならない
盗んではならない
偽証してはならない

等々、生活全般にわたって事細かに定められていた。

彼らは、人間同士に対する戒めは守っていたが、最も破ることが多かったのは、第一の戒めであった。

様々な偶像を作り、そのたびに災いが起こり、モーゼはその都度、神に許しを請いつつ彼らを導いてきたのであるが、エジプトから導き出された民は、途中ですべてが死に、エジプトを出てから産まれた者のみが、カナンの地に入ることができるのである。

彼らが四十年の旅を終えてカナンの地に入る時、神は再び奇跡を起こしヨルダン河の水を堰き止められ、偶像を作ることを戒め、自分のみを神とする時にはこの地で幸せを得ることを約束されている。

イスラエル国家の創立

彼らはカナンに入ると、次々と領地を奪い拡張していった。

ダビデという立派な王を立て、イスラエル国家の基礎を固めていく。

ダビデの子、ソロモンのよって神殿が建設され、イスラエル国家となり、後々までも「ソロモンの智恵」「ソロモンの栄華」と称されるほどの繁栄を極めた。

その様は、シバの女王が遠くエチオピアからソロモンの智恵を試すそうと来訪した際に、噂に聞くよりはるかにすごいと感嘆したと書かれているほどである。

イスラエル王国の分裂

ソロモンは栄華にまかせて外国の女を愛し、千人もの女を妻とした。彼女たちの宗教を取り入れて、神から遣わされた預言者の忠告を無視し、偶像のとりことなってしまった。

神は、ダビデに免じてソロモンの世には裁かず、その子ヤラベアムの時に厳しく裁いた。イスラエルは、ユダとベニヤミンの二支族と他の十支族に分裂し、十支族はダビデより離れて後、再び統合することはなかったのである。

二つに分かれたユダ族とイスラエル族は、その後それぞれ独自に王を立て国を確立する。王たちは、モーゼの律法を守らず、農業の暦と密接に結びついた、官能的で自由な性を楽しむ偶像の男神バアルと女神アシラ像を農耕地に安置し、彼らを拝しながら一日の農作業を始めるといった、モーゼの厳しい神とは全く異なる、自然の優しい神を好んだのである。

モーゼに率いられエジプトを出発した時の人たちはすべて死に、荒野で生まれた若者は過去を全く知らなかったため、そこに偶像が決定的な形で入り込むのである。旧約聖書・申命記にあるように、カナンに入る前、モーゼは、世代交代した若者たちに出エジプトの歴史を回顧させ、イスラエル民族の生き方を説き聞かせていたのであるが。

アッシリア捕囚とバビロン捕囚

ついにイスラエル王国は、アッシリアによる三度の攻撃で紀元前七二一年に滅亡し、アッシリアに捕囚として連れて行かれる。

一方、ユダ王国は、イスラエル滅亡後一三〇年間、悔い改め運動や宗教的刷新運動により「ダビデの道」が保たれてきたが、結局、偶像崇拝の傾向を拭い去ることができなかった。こうして紀元前五八七年、バビロンに攻め込まれて全住民がバビロン捕囚となり、ついにダビデ王統の火は消えてしまうことになる。

ユダヤ民族の確立

国を失い、王も都も失って、バビロンに連行された人々は、偶像と手を切らなかったことに対して神の怒りが下ったことを知り、深く反省した。

もはや依存できるのは、モーゼの律法、神の言葉しかなかった。そして、ヤコブとモーゼの祝福によって約束された、特有の霊的なものへの憧れが強烈に目覚めた。

彼らは、捕囚の地にあって、民族の持続に取り組みはじめる。

律法の朗読

安息日の厳守
割礼の実施

などである。

また、特に預言者エゼキエルは「神の霊による再生の幻」などで民族を励まし、預言者ダニエルは民族に新たな生き方を提示した。

その後、バビロンはペルシヤに亡ばされる。

ペルシヤ王クロスは、ユダ族に寛大であった。彼らの捕囚を解き、祖国への帰還を許したのである。

神殿は再建され、純血保存の新しい契約が預言者エズラ、ネヘミヤによって施行された。ここに徹底した律法主義に立つ【ユダヤ民族】が生まれた。そして律法、預言書などの古文書が収集整理され、旧約聖書として成立する。

そして紀元前六十三年、ユダヤはローマの支配下となる。ついに、メシヤ待望の機運が巡ってきたのであった。

イエス来臨

イエスは予定通り来臨された。

しかし彼らのイエスに対する期待が大きかったため、イエスをメシヤと認めることができず、十字架にかけてしまったのだ。

かくてエルサレムは再びローマに滅ぼされ灰燼と帰す。彼らは世界に散らされ、彷徨えるユダヤ人となるのである。

しかし、旧約聖書、メシヤ来臨、などなど、ユダヤ人が我々人類に与えた功労は、計り知れないほど大きいことを忘れてはならない。

さて、ここまでは、再創造の過程を簡略に記した、歴史の紹介である。これから書くのが本書の本題であるが、先に正直に申し上げておくと、この内容は、実は私が或る本――ここでは仮に「A書」としておく――を読んで知り得た内容を基に構成しているため、私のオリジナルというよりは、いわば「後智慧」とでも言うべきものである。

しかし、世の中に、後智慧ほど確かなものがあるだろうか。これまで隠されていた多くの事がこの「後智慧」によって解かれ、それによって人々が過去の事柄を正しく受け入れることができるようになり、その後に起きた出来事に対しても新しい見方を得ることができるようになるのである。ならば、その後智慧を駆使しないわけにはいかない――。

そう私は判断して、本書を自ら出すことにした。

第三章　預言の成就と再創造

誰も気付かなかったイエスの使命

イエスが異教徒の地・フェニキヤで説教しておられる時、フェニキヤ生まれの女がイエスに娘の病気を癒してほしいと頼んだが、その時にイエスが女に向かって言われた言葉は

「わたしは、イスラエルの家の失われた羊以外の者には、つかわされていない」

（マタイ15章24節）

であった。

この言葉はクリスチャンにとって驚きであり、信じられない言葉であろう。

イエスはまた、別の場所で、

「わたしにはまた、この囲いにいない他の羊がある。わたしは彼らをも導かねばならない。彼らも、わたしの声に聞き従うであろう。そして、ついに一つの群れ、ひとりの羊飼となるであろう」

（ヨハネ第10章16節）

と言われている。

このようにイエスは、はっきりと自分に与えられたもう一つの使命について述べられているのである。しかし本当に大切なのは、イエスの、後のアダムとしての第一の使命は、サタンによって失われた神の心を人間に伝え、堕落した人間の心を神の心に元返しすることであった。

イエスは十字架上で、自分に対する彼らの罪の許しを神にとりなして、自らもすべてを許し、これが最高の愛の基準となったのである。
さらに、イエスの十字架を信じ神を求める人に、神は真理の御霊を注がれ、一瞬にして神の愛の心に新生することができる摂理を成された。イエスご自身の使命は、ここで成就したのである。

さらに復活し、終末に再臨して最後の審判の地球からクリスチャンを携挙し、ここにイエスの使命は完成され、神の救いの業は完成する――と、すべてのクリスチャンはそう信じて来た――が、果たしてそうだろうか。

ここで思い出してほしいのが、神の創造の摂理であり、再創造に選ばれたアブラハムとの契約である。
イエスは、ヤコブの預言どおり、ユダ族から出られた。しかし神の祝福はヨセフに与えられたのである。

最後の摂理がイエスの再臨で終われば、アブラハムに与えられた契約は反古になってしまう。

しかし神は自分にかけて誓われた以上、それはあり得ない。更に神の最後の創造はエバであった。再創造の摂理も、エバでなければならないだろう。

アダム（男性）は天の象徴であり、エバ（女性）は地の象徴である。天は霊であり、地は肉である。霊肉の完成なくして神の子の完成はない。父と母が揃ってはじめて、子供の誕生を見ることができるのである。

イエスは神と一体であり、神の摂理に精通しておられた。

祝福を受け継いだヨセフの子孫を探し出して、最後の摂理が成される地に連れて行かねばならなかったのである。

イエスの十二歳から三十歳までの行動について、聖書には何も書かれていない。

しかし他にもう一つ存在する宝瓶宮福音書には、その間のイエスの行動が記されている。

イエスは、世界中に散らばったイスラエル十支族の行方を探して旅をしておられたのである。二十歳の時に日本にも来られた記録が残っている。

当時の交通手段では簡単に探し出せるはずもなく、また、七十年、百四十年、二百年と、三度にわたって解放された彼らが同一行動を取ったはずもなく、そこから五百年以上も経って探すことがどれほど困難であったことか。

十字架の謎

イエスは弟子たちに、自分は十字架にかかるが三日目によみがえると、くどいほど言われている。自分が死ぬことは絶対でにできないことを、神が必ず自分を守ることを知っておられたのだ。

再創造の歴史は、神とサタンの奪い合いの歴史なのだ。サタンは手に入れた世界を絶対に返したくないのである。ゆえに神は予定しているプランを、サタンに悟られないようにする必要があった。

神は必要な時が来るまでは大切なことは隠してこられたのである。

イエスの十字架と復活には、多くの疑問がある。

しかし後世の人々は、自分たちが理解できないことについては、適当に考えていた。イエスが双子であったとか、十字架にかかったのは弟が身代わりになったのだ、とか……。　しかし、もしそうなら、最も大切な十字架の贖いが無くなってしまう。

そんなことはあり得ない。

イエスは十字架にかかり、すべてを許し、息絶えた。

その過程を通過されたことは確かである。

しかし、これには裏があった。

その鍵を握るのは、アリマタヤのヨセフである。

彼はユダヤ教の最高の位置にいたが、イエスを信じていた。またローマの高官とも親しかった。

イエスの教えの確かさ――イエスの言われた「私は律法を成就するために来た」――この言葉を信じていた彼は、イエスを殺すことは絶対にできなかったのである。

彼が裕福であったことも幸いした。彼は外国との錫の貿易で大金を稼いでいたのだ。死刑執行人に賄賂を使ったとも考えられる。

イエスが十字架上で激しい渇きを訴えられた時、本来酢が置かれる場所にぶどう酒が置かれ、また、通常は死を確かめるために最後に足を折られるのだが、イエスの足は折られなかった。

その上ヨセフはローマの高官に願い出て、イエスの身体を十字架より降ろし、自分の設けた墓に収めている。

おそらくアリマリヤのヨセフは、神の予定された人物であったと思われる。イエスもそれを知っておられ、一時幽体離脱し、三日後に復活されたのである。

しかし、これらの事は、今日まで神が隠しておられたのだ。それは、隠す必要があったからである。

過去二千年はイエスの時代であり、十字架の贖いが絶対に必要であった。十字架を信じ、自らも十字架を背負って罪の償いの路程を歩んだクリスチャンによって、神の次の摂理の準備が整い、エバの再臨を可能にすることが出来るのである。

聖霊の降臨

イエスはよみがえり、四十日間弟子たちに姿を現し、驚いた彼らは喜び勇んで多くの人に伝えようとした。イエスはそれを止め、彼らに一カ所に集まって祈るよう命ぜられ、彼らが祈っている時に天から聖霊を受け、神の「霊」と「力」に満たされて、伝道を始めるのである。

イエスは「また来る」と言い残して去られたのであるが、失われた羊、特にヨセフの子孫を探して旅立たれたのである。

イエスは、昔の預言の書により行動されたのである。そしてそれは二千年後の摂理に必要な事で、今日まで誰も知る必要が無かったことなのである。

昔の預言者

イエスは神の摂理の成就のため、命懸けの旅だったであろう。

失われたイスラエル十支族は、歴史上には残っていない。昔の預言者によってのみ、聖書の中に存在しているのである。

私たちは、失われた十支族を知るために、ここで昔の預言者について十分に知っておく必要がある。

モーゼは、最古最大の預言者で、エジプトを出てカナンに着くまではモーゼが導いて来た。

モーゼが去った後は、神は多くの預言者によって、民が間違った道に行かないよう導かれるのであるが、預言者の中には偽者も多くいた。

彼らは遠い未来の事だけでなく、近い日に起こる事も預言した。

王たちは、智慧者、学識者、預言者を多く抱えていて、政治の相談相手としていた。役に立たない者や預言が外れたりすると、捨てられることもあるが、殺されることが多かった。

こうして絶対に実現する事を預言した者のみが預言者として認められ、それらの預言のみが書き留められ、旧約聖書に記されているのである。

以下、その例を挙げて説明することとしよう。


パレスチナがバビロンに滅ぼされ捕囚となった時、預言者エレミヤはネブカドネザル王に願いエルサレムにとどまっていた。それは皆の笑いものだった。当時エルサレムは暮らしやすいところではなく、ネブカドネザルはユダヤ人を高く買っていて国の要職に就けたりもしていたからである。

しかしエレミヤには見えていたのである――、終末のバビロンが。

彼は預言書まで書いた。強大なバビロン帝国について書いたのだ。

が、誰も気に留めなかった。

旧約聖書エレミヤ書には、次のような預言が記された。

「バビロンを滅ぼし尽くせ、何も残してはならない。バビロンの厚い城壁は無残に崩され、高い門は火で焼かれる。

バビロンは瓦礫の山となる。

日照りがバビロンの水に臨み、水は干上がる。神がソドム、ゴモラと近隣の町々を覆された時のように。と主は言われる。

そこには人一人住まず人が宿ることはなくなる。

すべての国がネブカドネザルの報いを受ける。

彼の息子の、そのまた息子の時。彼の国の最後がやって来る。その時、多くの国と王もその報いを受けるだろう」

当時のバビロンの人たちがエレミヤをあざ笑ったのも無理はない。
この厚い城壁が、この巨大都市が瓦礫の山となり、豊かに流れる大河が干上がり、商業文明の町に人が宿らなくなる……。しかもこれらの起こるのは、ネブカドネザル王の息子の息子の治世にと言うのだ。その時はネブカドネザルもエレミヤも死んでこの世にはいないのだ。皆が笑うのも無理はない。そんな未来の預言など、誰も気にかけなかった。

この預言がどのように実現したかを調べてみよう。
今や、昔のバビロンは砂漠の中である。
一本の掲示板が立っている。

「バグダット鉄道バビロン駅」

と書いてある。見渡す限りの砂また砂、何もない。

エレミヤがあの奇妙な預言をしたのは紀元前六三〇年。彼はバビロンの崩壊を預言しただけでなく、誰の時代に起きるかまでも述べていた。

ネブカドネザルの息子の息子の時——エレミヤは「孫」とは言わなかった——。

ネブカドネザルの跡を継いだのは息子のメロダクだった。悪王メロダクは、二年の治世で暗殺された。

次にネブカドネザルの娘の夫、リフリサルが位に……しかし彼も治世四年で暗殺された。

その後、リフリサルの息子ロボロッアルが王位に就いた。彼は娘の息子であった。

バビロン王位継承権が王家の傍系に移ってしまった。それなのにどうしてエレミヤの預言が成就するのか……。

しかしバビロンは、娘の息子の時には最後を迎えることはなかった。ロボロツアルの跡を継いだのは、ペルシャザルという、悪王メロダクの息子だった。ペルシャザルはネブカドネザルの息子の息子であり、エレミヤの預言が成就したのは、まさしくそのペルシャザルの時代であった。

バビロンはペルシャのクロス王に攻め込まれ滅亡したのである。

昔の預言者の預言は、全く有りそうにない事が預言され、預言とは正反対の方向に事態が進んでいるように見えるが、予定された時期が来ると預言は正確に実現するのだ。

預言は想像を絶した正確さで実現する。

これは史上の事実なのである。

ではもう一つ。

「日照りがバビロンの水に臨み水は干上がる」

ユーフラテス川は、豊かな水をたたえ、当時のバビロンは当然この水のおかげで潤っていた。

一体どのようにして預言が成就したのか。

エレミヤが預言してから数百年後、信じられない理由でユーフラテス川は流れを変えたのである。

ユーフラテス川は、かつてバビロンのあった場所を完全に避けて流れているのだ。

預言者は、「川が干上がる」とは言わなかった。「バビロンの水が干上がる」と言ったのだ。

バビロン滅亡の百七十年前、預言者イザヤもやはりバビロンの無人化を預言した。

「国々の誉であり、
カルデヤびとの誇である麗しいバビロンは、
神に滅ぼされたソドム、ゴモラのようになる。
ここにはながく住む者が絶え、
世々にいたるまで住みつく者がなく、
アラビヤびともそこに天幕を張らず、
羊飼もそこに群れを伏させることがない」
（イザヤ書13章19〜20節）

今のバビロンは、大部分を砂漠の砂に覆われ、住む人も宿る者もない遺跡となっている。

昔の預言者がいかに信じられないほど正確な預言を残していたか、それをイエス来臨について調べてみよう。

ダニエルは次のように預言している。

「エルサレムが復興し神殿が建設されて四八三年、メシヤは到来し、その数年後メシヤは不当に断たれ、エルサレムは次に来る指導者によって荒らされる」

ダニエルが「エルサレムの壁を再建せよ」と言う、アルクリセルクセスの布告から四八三年後、救世主が来臨される年。ヨルダン川で洗礼者ヨハネが多くのユダヤ人に水で洗礼を授け、「メシヤの来られる準備をせよ」と叫んでいる。

ユダヤの教師たちは、今一度考えることを何故しなかったのか。

もしイエスの来臨の預言がダニエル一人ならともかく古代の預言者たちが皆メシヤ来臨に関して何らかの預言を残しているのだ。

これらの預言はどうだったのか。

例えばダニエルの生まれる千年以上前、イエス誕生を預言し、更にダビデは千五百年も前に実に詳しくメシヤの預言を残しているのである。

●メシヤの生まれる一族の名
●メシヤの両親の住んでいる町の名
●メシヤの生まれる町の名
●メシヤの生まれる場所
●メシヤの移動
●メシヤの遭う裏切り
●メシヤを裏切る人物
●裏切る人物に与えられる報酬の金額
●その報酬をどうするか
●その報酬の使い道

●メシヤはどのように死ぬか
●死刑執行人はその時何をするか
●死ぬ間際に口にする飲み物
●その時そばに居た人たち
●メシヤは誰によって、どんな墓に葬られるか
●メシヤの衣はどうなるか

これらすべてが、イエスの生まれる千年～千五百年も前から多くの預言者によって語られていたのである。

最も古いダビデの預言をまとめてみよう。これは詩の中にうたい込まれたものである。「わたし」と書かれているのは、メシヤと一体である神からの言葉であるからである。

「私の信頼している仲間、わたしのパンを食べる者が威張って私を足げにした」（詩41篇）

神なるメシヤは親しい友人として付き合っていた者に裏切られる。裏切りはパンを食べていた時に行われる。

「わたしの手足をつらぬいた」（同32）

メシヤの磔《はりつけ》は千五百年前に預言されていたが、当時ユダヤには磔の刑は知られていなかった。しかしその何百年も前にその時の出来事その場面は、事細かに述べられているのである。

「舌は上顎に張り付く」（同22）

「渇くわたしに酢を飲ませようとした」（同69）

十字架の上のイエスは激しい渇きを覚えた。どれほど激しい渇きかを表現しているではないか。

「わたしの衣をくじ引きする」

イエスの衣は縫い目が無く切り裂くのは惜しいのでくじ引きにしたのである。

これらの預言がどのように実現したかを調べてみよう。

「わたしを見る人はわたしを嘲笑い頭を振る」（詩22篇）

「そこを通りかかった者たちは、頭を振りながら、イエスをののしった」

（マタイ27章39節）

「骨の一本も折られないように守られる」(詩34篇)

「そこで兵士たちが来て、イエスと一緒に十字架につけた最初の男ともう一人の男の足を折った。イエスのところに来てみると、すでに死んでみられたので、その足は折らなかった」

(ヨハネ19章32〜33節)

ゼカリヤは、メシヤ出現の五百年以上前に、聖なるメシヤに対する裏切りに関して、三つの預言をしているが、その一つを紹介しよう。

「わたしは彼らに言った『もしお前たちの目に良しとするなら、わたしに賃金を支払え。そうでなければ払わなくてもよい』。彼らは銀三十枚をわたしに賃金としてくれた。主はわたしに言われた『それを陶器職人に投げ与えよ。わたしが彼らによって値をつけられた見事な金額を』。わたしは銀三十枚を取って主の神殿で陶器職人に投げ与えた」

（ゼカリヤ書11章）

イエスに対するユダの裏切りについて、当時の記録を読んでみよう。

「そのとき、イエスを裏切ったユダは、イエスが罪に定められたのを見て後悔し、銀貨三十枚を祭司長、長老たちに返して言った、『わたしは罪のない人の血を売るようなことをして、罪を犯しました』。しかし彼らは言った、『それは、われわれの知ったことか。自分で始末するがよい』。そこで、彼は銀貨を聖所に投げ込んで出て行き、首をつって死んだ。祭司長たちは、その銀貨を拾いあげて言った、『これは血の代価だから、宮の金庫に入れるのはよくない』。そこで

「彼らは協議の上、外国人の墓地にするために、その金で陶器師の畑を買った」

（マタイ27章）

預言されてから五百年以上も経ってから、とてもあり得ないような預言が寸分違わず実現してしまったのである。その上、「陶器職人の畑」はかつてはそう呼ばれてはいなかった。預言が書かれた四五〇年後に「陶器職人の畑」になった土地である。ゼカリヤはその金の使い道のみでなく、四五〇年経ってから付けられる畑の名前まで預言していたのだ。

昔の預言者について詳しく書けばきりがないので、ほんの一部のみを紹介したが、一応これらの預言者たちがいかに神の言葉を受けて語ったか、わかっていただけたと思う。

預言者たちは皆イスラエル民族から神が選び出された者であり、彼らは熱烈な愛国者であった。

人々は皆、希望あふれる預言を期待した。しかし彼らが預言するのは、イスラエルの没落であり、祖国の喪失であり、追放であった。それゆえ、預言者たちはすさまじい迫害に耐えながらメッセージを伝え続けた。唯一の希望の光は終わりの日すなわち三千五百年以上も未来にならなければ差し込まないと言うのである。

預言者たちは、これらの言葉が神から来ることを確認していた。ゆえに迫害に屈することなく同胞たちの破滅を預言し続けたのだ。

そして、預言は的中したのである。

預言は、預言したとおりのことが預言したとおりの時に起こったのである。

しかし、破滅の預言ばかりではなく、彼らイスラエル民族を救い出す預言も、さらには選民として必ず栄光を与えると、最後はすべてその預言で終わっているのである。

ユダ族と失われたイスラエル十支族

ユダ族の子孫は、ヤコブの預言どおり、メシヤが出現し、モーゼの律法を守り、王者としてふさわしい民として、様々な苦しい歴史を経た今も、選民としての位置を保っている。

パレスチナとの激しい争いは世界中の非難の的となっているが、これも今しばらくの時を経て解決されるはずである。

それでは、歴史の書から消え去った「イスラエル十支族」はどうしているのだろう。彼らは今や預言の書にしか残っていに。特にアブラハムの祝福を受け継いだヨセフの子孫はどうなっているのか。行方不明となった彼らに、昔の預言者はどのような預言を残しているのだろうか。

イエスの言われた

「私は失われたイスラエルの子孫のためにつかわされている」

この言葉は、十支族が必ず生存していることを証明している。どこにいるのか。

特にヨセフの子孫は、

「彼らはわがしもべヤコブに、わたしが与えた地に住む。これはあなたがたの先祖の住んだ所である」

（エゼキエルの預言）

「わたしが彼らを、その先祖に与えた彼らの地に導きかえす」
（エレミアの預言）

これらの預言から考えると、神は地球のどこかに先祖の地を用意しておられ、失われた十支族、特にヨセフの子孫をその地に導く予定をしておられたことがわかる。神が予定された先祖の地、イスラエル民族を導きかえすその地はまた、神が最後の摂理を完成なさる地でもある。その地に導きかえす使命を、イエスは受けておられたのである。

イエスは、十字架から復活し探し出したヨセフの子孫を、その地に導かれたのである。

預言の神秘性

聖書は、世界で一番神秘的な本である。

この聖書を書いたのは、様々な背景を持った人たちである。ダビデのような王もいれば、羊飼いや、金持ちや貧乏人、王に使えた奴隷、またダニエルのように囚人でありながら敵の信頼を得て最高の位を得た者など、様々な人が含まれている。

それでありながら聖書の預言は不気味なまでの統一性を持っている。

最初の預言者が死んで千年以上も経って、後の預言者が生まれているにもかかわらず、すべてが同じ事を語っている。互いに会ったこともなく、また他の預言者の記したものを読む機会もなかったであろう。各人が孤独と迫害の中を歩みつつ来たのである。

にもかかわらず、全員が全く同じ出来事を予知しているのである。

そして、彼ら預言者の全てが、「終わりの日」について預言しているのである。

遥か後の、今の地球に起こる事などを……。

旧約聖書を、モーゼ五書、歴史書、詩歌と読み進んでいくと、やがて預言書となる。そこには驚くほどイスラエルの回復の約束が述べられている。

イザヤは、旧約の中心となっている「出エジプト記」よりも、イスラエルの回復のほうが有名になると述べ、さらにその置かれた場所が栄光を表わすところとなると述べている。

神が栄光を表わすのは、イスラエルであり、エルサレムであり、シナイ山であった。

ところが驚いたことに、同じ栄光が「地の果て東の島々　日の出る方」にもあり、しかも一人の指導者を起こすと言っているのだ。

「人々は西の方から主の名を恐れ、日の出る方からその栄光を恐れる」

（イザヤ書59章）

その上、イスラエルの帰還と栄光の預言があまりに多いのに驚かされるのだ。それらはとても書き切れないほどである。

さらに彼らは、最後の日には三千年も好んできた偶像を汚いもののように投げ捨てると記されている（エレミヤ書）。

また、「エジプトの国から導き出した主は生きている」とは言わないで、「イスラエルの子らを回復した主は生きている」と言うようになる。

「その日、ユダの家とイスラエルの家はいっしょになり、彼らはともどもにわたし（主）が彼らに継がせた国に帰って来る。その日わたしはイスラエルの家とユダの家とに新しい契約を結ぶ……わたしはわたしの律法を彼らの中に置き、彼らの心にこれを書き記す……そして人はもはや『主を知れ』と言って互

い を教えない。それは彼らが皆、身分上下を問わずわたしを知るからである。この町は世界の国々の間で、わたしにとって喜びの名となり、栄誉となり、栄える。彼らは、わたしがこの民に与える祝福のことを聞き、わたしがこの町に与えるすべての祝福と平安のため恐れおののく」

（エレミヤの預言）

「見よ、わたしはイスラエルの人々をその散らされた国から集め彼らの地に連れて行く。
わたしは彼らと平和の契約を結ぶ。これは彼らとの永遠の契約となる。
わたしは聖書を彼らの中に永久に置く。私の住まいは彼らと共にある。彼らは私の民となる」

これはエゼキエルの預言だが、ホセア、アモス、ゼカリヤも同じ預言をしている。

そしてエゼキエルは、次のような更に驚くべき預言を残している。

「終わりの時、失われた十支族が見つかり、世界は大きく揺れる」

また、ユダとイスラエルの統合は神の定めた終わりに起こり、大地震さながらに政治の世界を真っ二つに引き裂き、史上かつてなかった政治的大事件となる。

十支族の現状

今まさに終末の時、これらの預言の成就する国は一体どこにあるのだろう。世界を見渡しても、それらしい国は見当たらないではないか。

ここで今一度、イスラエルがどのような状態になったか。神がイスラエルに下された罰について調べてみよう。

「わたしは与えた土地からイスラエルを断ち、わたしの名のために聖別した神殿もわたしの前から投げ捨てる」

（列王記上。イスラエル人はパレスチナから断たれ、神殿も持っていない）

「一部のイスラエル人の目が見えなくなるのは、異邦人全体が救いに達するまでである」

（ローマ人への手紙。イスラエル人は自分の身分に対して盲目になっている。すなわち自分がイスラエル十支族であることを知らず、普通の国民として存在している）

「わが民は木に託宣を求め、その枝に指示を受ける。エフライムは偶像のとりこになっている」

（ホセア書。彼らはモーゼの律法を捨て偶像崇拝の別の宗教に宗旨替えしている）

「災いだ、エフライムの酔いどれの誇る冠は。確かに神はどもる唇と異国の言葉で彼らに語られる」

（イザヤ書。彼らは言葉も失っている。異国の言葉を用いている）


この状態では、見つけられなくて当然であろう。

けれども預言者たちが皆、末の日に栄光を表わすと預言しているのは何故か。

それはたった一つ。神の最後の摂理が、ヨセフ族の子孫によって完成するからである。

神の約束の成就

「もろもろの国は、あなたの光に来、もろもろの王は、のぼるあなたの輝きに来る」

「あなたに仕えない国と民とは滅び、その国々は全く荒れすたれる」

「主がとこしえにあなたの光となり、あなたの悲しみの日が終るからである」

「その時がくるならば、すみやかにこの事をなす」

（イザヤ書60章）

ここで強調したいのは、アブラハムに与えた神の契約は変更不可能ということである。

ヨハネ黙示録に示される最後の審判は、また救いの時でもある

終末の苦しい時代――。戦争や飢饉や疫病が起こり、反乱や異動が発生し、地震、洪水、旱魃等々、集中的にこれらのことが起こる恐怖の時――。イエスは「その日には喜び喜べ、あなたがたの救いが近づいているからである」と言っておられる。預言者もまた、これらの恐怖をくぐり抜けた後、光り輝く誉れの高みに登る、と預言しているのだ。これまでの預言がすべて実現しているのなら、これらの預言も実現するだろう。

鍵を握るのは、エバの再臨であり、神の摂理の完成である。

クリスチャンはイエスの再臨を待っている

終末の摂理に関係の無い、イエスの再臨。そしてイエスの言われる、偽イエスの出現。

何故イエスは再臨すると言われたのか。

前出の「A書」の著者の書き記すところによれば、「それは偽エバの出現を防ぐためである」とのことである。

摂理に関係ない偽イエスがいくら出てきても、結果は意味なく消え去るのみである。

そして現在、偽エバはまだ一人も出ていない。

ここに神とイエスの最後の摂理に対する心遣いと智慧を見ることが出来るのだ。

天国実現の預言は、イザヤ書の終わりとヨハネ黙示録の終わりに書かれている。

それは、神の創られる新天地のすばらしさで埋め尽くされている。

その中心は、母なるエルサレムである――聖書に書かれるエルサレムは、母の象徴である。

しかし、このすばらしい天国が、堕落したエバの罪を償うことなくして、実現することは不可能である。

神は必ずヨセフの子孫からエバを再創造され、その条件でサタンをしりぞけ、新天地を再創造されるはずである。

神はそれをエバの再臨と言わず、エルサレムと書き替えておられるのだ。

「天のエルサレムが美しく着飾った花嫁のように地に降った」と。

エルサレムは地名であり、個人名ではない。

第四章　出口王仁三郎の《予告》

大本教・出口王仁三郎の不思議な遺言

日本の神道系宗教、救世教、真光教、生長の家等を生み出した大本教は、出口直と出口王仁三郎によって一大宗教となった。

特に王仁三郎は、満州からイスラエルまでも行こうとし、イエスの再臨かとまで言われた。「怪物」とも言われ、豪放磊落、したい放題の事をし、その異常とも映る行動ゆえ政府から激しい迫害を幾度も受け、大本教は壊滅状態となった。

彼は迫害から一度は復興するが、二度目は完全復興することなく晩年は静かな境涯に入り、ひたすら陶芸に凝り器を三千個も遺している。

その王仁三郎が遺した遺言が、実に不思議なのである。ここにそれを紹介しよう。

「いま、大本にあらはれし、変性女子はニセモノじゃ、誠の女子があらはれて、やがて尻尾が見えるだろ。……美濃か尾張の国の中、まことの女子が知れたなら、もう大本も駄目だろう。前途を見越して尻からげ、一足お先に参りましょ。……一人お先へ左様なら」

なんとも不思議な遺言ではないか。

大本教の出口直は、身体は女で心は男として「変性男子」と言われ、王仁三郎は身体は男で心は女として「変性女子」と言われていた。

その変性女子、すなわち自分は「偽者」だと言うのだ。

自分のしてきた多くの事は、狐か狸の化け芝居だと言うのだ。

大本教は、神が最後の警告を日本に降ろしたものとして、直の警告も、王仁三郎の行動も、その後に岡本天明に降ろされた日月神示も、今もって重要視されている。

王仁三郎が、なぜこのように不可思議な遺言を遺したのか。

高熊山で未来を透視した王仁三郎

王仁三郎は若い時、天狗に導かれて高熊山で瞑想し、未来の全てを見せられていたと記されている。

彼の人生が全く破天荒だったのは、全てを見せられていた彼は自分の人生が最後は無であることを知っていたからと思われる。

それゆえに、何ものにもとらわれず、やりたい放題の事をしたのだろう。

そして最後に、自分の見た本当のことを言い残して去ったと思われる。

大本の人たちは、美濃か尾張からやがて王仁三郎の二世が現れると思っているが、実はそうではない。

「美濃尾張＝身の尾張」すなわち三次元肉身の終わりということである。

王仁三郎は、三次元の肉体を終わらせ、より高い次元に引き上げる摂理を担当する「女子」の出現を予告したのである。

最後の摂理が女性であることを予告したのは、王仁三郎一人である。

第五章　日月神示と終末

日本に降りた、とどめの神示「日月神示」

今、宗教界で最も問題とされている日月神示について述べておく必要があるだろう。

日月神示とは、画家岡本天明に降りた神示である。

本来、大本で降りるはずだった神示が、なぜ天明に降りたのか。

これには訳があった。

日本の夜明けとなる明治維新の前、神は正しい日本神道の復元と三千世界大改造のさきがけとして、黒住は日の神、天理は月の神、金光は地の神、として出されたのである。

しかしそれぞれ教祖亡き後は単なる一宗教となり、それゆえ大本の出現となる。

しかしこれまた教祖亡き後は幹部がそれぞれ分裂して生長の家、救世教等となり形骸化してゆき、神の御経綸は全く進展しなかった。

神は、最後のとどめの警告を急ぎ降ろす必要に迫られたと思われる。

なぜ天明に降りたのか

岡本天明は、明治三十年岡山県に生まれ、中学三年まで金光中学、今の金光学園に通っている。

その後神戸に出て、天来画才に優れていた彼は十七歳で個展を開き絶賛され、その後大本の発行する「大正日日新聞」の挿絵を描き、また文才もあって大本関係の「北国新聞」や「東京毎夕新聞」の記者となり、大本の発行する「人類愛善新聞」の編集長となった。

しかし大本が国家の弾圧により潰されてしまい、それ以後は画家として貧しい生活を送っていた。

昭和十九年、天明四十八歳の時、近くの鳩森神社の神主が戦争に駆り出され、祭事に詳しい天明が代理神主に選ばれたのである。

ちょうどその頃、文部省が国史の編纂を新たに行う計画を立てていることが伝えられた。

明治の始めヨーロッパを視察した伊藤博文等は、西洋諸国がキリスト教をバックグラウンドとして立派な国家を立ち上げていることに目を付け、日本も天皇を中心とする国家神道をバックグランドとして国力アップを目的として国史が編纂されていた。それは決して正しい国史とは言えなかった。

それが今、第二次大戦のうちに再び編纂されるとすれば、国家の支配者たちの都合の良い国史に編纂されるに違いない。それを恐れた天明たちは、有志十数人と共に秘密裏に正しい国史を編纂して隠し置き後世に伝えようと考え、古代史研究会が発足したのである。

天明は真実の国史を編纂するため、今までの国家が用いてきた「古事記」「日本書紀」「古語拾遺」等の歴史書にこだわらず、一般には偽書とされてきた「旧事紀《くじき》」「上記《うえつふみ》」「宮下文書《みやしたもんじょ》」「九鬼文書《くかみもんじょ》」「竹内文書《たけのうちもんじょ》」なども参考資料とし、全てを含めて再検討することとした。

これは前出「A書」に書かれていることであるが、古代の日本の歴史資料のほとんどが、渡来人・蘇我入鹿《そがのいるか》が殺害された時、入鹿の父・蝦夷《えみし》によって宮中の書庫に火を放たれ、焼き払われた。その後、漢の武帝が漢字を持って入国し、日本の歴史を漢文にて残すことを天皇に進言し、稗田阿礼《ひえだのあれ》と太安万侶《おおのやすまろ》（秦の始皇帝の孫）によって編纂されたのが、古事記である。

当時、漢文を読める日本人は一人も居なかったと言ってもよい。彼らは天皇の命として、あちこちに残る資料を提出させ破棄し、日本の古代史はここで完全に消えたのである。

これに気付いた一部の人がひそかに隠し持ってきたのが「旧事紀」「上記」など

である。

当時、所持が見つかれば極刑とされた。これらを代々隠し続けてこられた人々の苦労は如何程のものであったか。

しかし、大正、昭和と世界各地の探検家によって発見される遺跡に記された古代文字、誰も読めないこれらの文字が、竹内文書によって全て読むことが出来るのである。偽書とされたものが本物であり、本物とされたものが偽書なのである。

岡本天明のもとに集まってきた人たちは、それを知っていた人たちであった。

神に問う扶乩の体験

しかし、いざ編纂するとなれば、どこまでが偽書か本物か、自分勝手な見解で区別もつけ難く、考えたあげく天明は神に問うことを提案した。

天明以外の人たちは、皆普通の常識人で、神に問うことなど考えたこともなく、全て天明に一任された。

天明は「扶乩《ふうち》」という方法を用いることとした。

「扶乩」とは、砂を一〇センチ位に敷き詰めた盤の上に乩木《ちぎ》と呼ばれる丁字形の木を差し渡し、その両端を「霊媒役」となる二人が持ち、乩木の真ん中に盤と垂直になるよう棒がくくりつけられている。

砂盤の前には「審神役《さにわ》」となる者一人が座り、神霊と感応して問答を行うのである。「審神役」はもちろん天明が務め、霊媒役の二人を選んだ。二人は半信半疑で乩木の両端を持っていた。

扶乩の実験開始後間もなく、丁字形の乩木が、ゆっくりと砂の上を動き始めた。

砂の上には、大きく「天」という字が描かれた。

砂がきれいにならされ、次に「ひ」、さらに「つ」「く」と砂盤に描かれたのだ。

「天ひつく」……何だろう。

霊媒役を替えて再び始めても、「日月の神」「天のひつく」「天のひつく神」の他には何も出なかった。

そんな御神名は聞いたこともない。

天明は自分の審神《さにわ》では駄目なのか、とあきらめかけていた。

しかし他の人々は、初めての不思議な体験に興奮していた。

その数日後、会の中の一人が、「天《あま》の日津久神社」があることを発見したのである。

天明は神の御導きを感じ、一人で参拝した。参拝後、誰もいない社務所で一人休んでいると、突然右腕が激しく緊張し異常な状態となった。

画家でもある天明は、どこへ行くにも矢立と画仙紙を持っていた。天明が矢立を持ち画仙紙に当てると、勝手に手が動き、スラスラと文字のようなものが書かれた。

これが、後の日月神示の発端となったのである。

正しい日本古神道霊界の霊道が、天明の霊と繋がった瞬間であった。

天明の純粋さと、権力にとらわれない真実を求める真剣さが、日本の行く末を案じる神道の神とコンタクトさせたと考えられる。

それから十六年にわたって、神は様々な神示を書かせることとなる。

日月神示の全貌

日月神示の全部を収めたものが、二〇〇一年に太陽出版から発行されている。九〇三頁の、厚さ四・五センチの分厚い本である。

上巻三十巻、五十黙示録七巻、補巻一巻、ひふみ神示補巻六十二帖、以上から成る巨大な神示である。

内容は多種多様、一口で言い表せない。読んですぐわかる部分もあるが、読みにくい、わかりにくい部分もあり、解釈の仕方は人それぞれである。

日常生活全般にわたっての教えもあるが、終末に起こる世の立て替えの様々な神仕組に対する心構えを中心に、立て替え後の「嬉し」「楽し」の世に生き残るための警告が厳しい言葉で示されている。
今まで神への信仰がなかった人は、主にその部分を中心に自分の心の悔い改めと心の洗濯に勤めるべきである。以下、内容を少し紹介しておこう。

「上つ巻」第一巻　第一帖

「二二《ふじ》は晴れたり、日本晴れ。神の国のまことの神の力をあらわす代となれる、仏もキリストも何も彼もはっきり助けてむつかしい御苦労のない代が来るから、身魂を不断に磨いて一筋の誠を通して呉れよ。いま一苦労あるが、この苦労は身魂をみがいて居らぬと越せぬ、この世初まって二度とない苦労である。このむすびは神の力でないと何も出来ん、今度はどうもこらえてくれというところまで、後へひかぬから、その積りでかかって来い、神の国の神の力を、はっきりと見せてやる時が来た。いつでも神かかれる様に、綺麗に洗濯して置いて呉れよ。早く掃除せぬと間に合わん」

第二帖

「親（神）と子（人民）であるから、臣民は可愛いから旅の苦をさしてあるのに、苦に負けてよくもここまでおちぶれて仕もうたな。鼠でも三日先のことを知るのに、臣民は一寸先さえ分らぬほどに、よう曇りなされたな」

第二十一帖

「世の元の神の仕組というものは、なかなかにむつかしい仕組であるぞ。ぎりぎりになりたら神の元の神の神力出して岩戸開いて一人の王で治める神のまことの世に致すのであるから、神は心配ないなれど、ついて来れる臣民少ないから、早う掃除して呉れと申すのぞ。今度はとことわに変らぬ世に致すのざから、世の元の大神でないとわからん仕組ぞ。洗濯できた臣民から手柄立てさしてうれしうれしの世に致すから、神が臣民に御礼申すから、早う神の申すこと聞いて呉れよ」

第二十三帖

「神なぞどうでもよいから、早く楽にして呉れと言ふ人沢山あるが、こんな人は、今度はみな灰にして、なくしてしまうから、その覚悟して居れよ」

第二十五帖

「一日に十万、人死にだしたら神の世がいよいよ近づいたのざから、よく世界のことを見て皆に知らして呉れよ」

（一日とは、毎日十万人の意味ではない。四川省の地震で九万から十万人とも言われ、スマトラ島の津波では十万とも言われている。世界のあちこちで起こる大災害を指している）

第三十九帖

「地震かみなり火の雨降らして大洗濯するぞ。よほどシッカリせねば生きて行けんぞ」

ここまでが上巻で、主に人間の改心を促す神示である。

「下つ巻」第一帖

「富士は晴れたり日本晴れ。いよいよ次の仕組にかかるから、早う次の御用聞いてくれよ……天晴れて神の働きいよいよ烈しくなりたら、臣民いよいよ分らなくなるから、早う神心《かみこころ》になりて居りて下されよ。この道《おしえ》は宗教ではないぞ。道だから、今までの様な教会作らせんぞ。道とは臣民に神が満ちることぞ」

第二十三帖

「臣民、我を去りて呉くれよ。臣民の性来《しょうらい》によって、臣民の中に神と獣とハッキリ区別せねばならんことになりて来たぞ」

第三十四帖

「臣民はすぐにも戦すみてよき世が来る様に思うているが、なかなかそうはならんぞ、臣民に神うつりてせねばならんのざから、まことの世の元からの臣民幾人もないぞ、富士に登るのにも、雲の上からが苦しいであろがな、戦は雲のかかっているところぞ、頂上《いただき》までの正味のところはそれからぞ」

下つ巻には、悔い改めた働き人の務めと同時に、悔い改めない人の裁きの神示となっている。この後、人間が神になる仕組であるから膨大なのは無理もないが、わかりやすく必要と思われるところだけピックアップしてみる。

「我が身を捨てて三千世界に生きてくだされよ。我が身を捨てるとは、我《が》を捨てることじゃ」

「人民一度死んでくだされよ。死なねば甦られん時となったのぞ。今までの衣《ころも》ぬいで下され申したであろう。世がかわると申したであろう。地上界のすべてが変わるのぞ。人民のみこのままと言うわけには参らぬ」

「神の御用は神の命《みこと》のままでなくては出来ん。みんな釈迦ぞ、キリストぞ、もっと大きな計画持ちてござれ」

「我《が》出してはならん。それでいつもしくじるのじゃ。天狗ではならん。心出来たら足場固めよ。神の足場は人じゃ」

「行は世界の行、誰一人のがれるわけには行かんぞ、宿業果《めぐり》たしたものから、うれしうれしになる仕組。どこでどんな事していても、身魂磨いてさえおれば、心配なくなるぞ。心配は、磨けておらぬ証拠ぞ。この道に入ると損をしたり病気になったり怪我することよくあるなれど、それは大難を小難にし、またまたまめぐりが一時に出て来て借金を返しさせられているのじゃ、損もよい、病気もよいと申してあろう、早う神々になって下されよ」

「そなたの苦労は取越苦労、心くばりは忘れてはならん。なれど取越苦労はいらん、何事も神に任せよ。現在与えられている仕事が神業であるぞ、その仕事よりよく、より浄化するよう行わねばならんぞ。この世は皆神の一面の現れであるぞ」

「どこの教会も元は良いのであるが取次役がワヤにしているぞ。真の信仰に入ると宗教に囚われなくなるぞ。神から出た教えなら他の教えとも協力して、共に進まねばならん。教派や教義に囚われるのは邪の教えぞ」

「神に任せると申しているが、それは自分で最善を尽くしてからのことじゃ」

「高い心境に入ったら、神拝む形式なくなるぞ。為す事、考える事、すべて礼拝となるのじゃ」

「神示はその時の心によりて磨けただけにとれてて、違わんのであるから、我の心通りにとれるのであるから、同じ神示ではないのだぞ。この神示読めば、どうしたら良いか、その人相当にとれるのぞ」

「一足飛びには行かん、一歩一歩と申してあろう。出直しで直し進むには、それ相当の苦労と努力要るぞ、時も要るぞ、金も要るぞ、汗、血、涙すべて要るぞ」

「為すとは祈ること。求めるとは祈ること。日々の祈りは行であるぞ。省みて行ずる祈り孫栄えるぞ」

「まずその仕事せよ。仕事とは喜事《よごと》であるぞ。仕事仕えまつれよ、それが初の御用だぞ、静かに一歩一歩歩めよ。仕事、仕事と神に祈れよ、祈れば仕事与えられるぞ」

「この世の仕事があの世の仕事。この世の仕事捨てて神の為じゃと申して飛び回る鼻高さん、ポキンぞ」

「神示捨て、仕事に神示生かして生活せよ。生活が神示じゃ」

以上、ごく一部のみ紹介したが、今まさに立て替え出直しの時であることが、理解出来る人も出来ない人もあるだろう。

神がこの神示を降ろされたことは、このことを断行する決意が込められ、このことが事実として起こる神仕組を、まず人民に警告されたものと考えるべきではなかろうか。

これからの世界がどうなるか。それに対しどうすれば良いか。日月神示には、そのすべてが書かれているのである。

特に、これが日本に降ろされたことには、深い意味があると思われる。特に終戦の前年、昭和十九年に降ろされたのは何故か。

神は、戦後の日本を予見していたのである。

戦後の日本人は、それまでの永い歴史で培ってきた大和魂を捨て、国旗も掲げず国歌も歌わない骨抜きの国民となり、ただアメリカの言うがまま、アメリカに頼り切り、自由と民主主義におぼれ、ただお金お金と拝金国家となった。

経済大国となったものの、この小さな国ではいつまでも維持できるはずもなく、経済敵国として中国、韓国、アジア諸国のみならず世界中から追いつけ追い越せと追い討ちをかけられている。安いからと輸入に頼り、国内の山も田畑も捨て置かれて荒れ放題となった。

そして突然襲った世界恐慌、景気低迷、少子高齢化、次々起こる天変地異……。

神は、大切な国日本が、このような国になることを予見しておられたのであろう。

神示には、日本がトコトンのところまで落ちる、世界中が日本を敵対視すると書かれている。近年の状況は、まさに日月神示の通りに動いているのだ。

日月神示とヨハネ黙示録

日月神示は、聖書の黙示録の日本版と言う人もいるが、これは全く似て非なるものである。

ヨハネ黙示録が世界的警告とすれば、日月神示は日本人に与えられた、日本のための警告である。もちろん全世界にも通用するものであるが、日本に対してのみ警告された部分も多い。

特に戦後の日本人に与えられた警告と私には受け取れるのである。

世界のためにヨハネ黙示録があるにもかかわらず、神は明治の開国以前から、黒住、天理、金光と日本神道霊界を動かし、大本で留めるはずのところを、さらに日月神示を与えてこられた。その神の真意を、日本人は考える必要があろう。

日本は、これからますます大変になっていくと思われる。日月神示には、それに対する神示が多く出されている。このままでは、丸つぶれの直前まで行くと……。

しかし、いよいよの時が来れば、神の最後の一厘の仕組でひっくり返り、正しい人は必ず救われる、となっている。

神一厘の仕組

「一厘のことは言わねばならず、言うてはならず、心と心で知らしても、残る一厘はギリギリでないと申さんから、疑うのも無理もないけれど、見て御座れよ、神の仕組見事成就いたすぞ。一厘のことは知らされんと申してあろう、申すと仕組成就せんなり」

神がサタンに奪われないために隠しておられる神一厘の仕組――。

日月神示の研究家たちがそれぞれ研究し、あれこれと考えても今もってわからない、神一厘の仕組とは何なのか。

二〇一二年、謎の年

ところで、二〇一二年――。この年が今大きな問題となっていることはご存じだろうか。二〇一二年は、予言や言い伝え等でとても大切な年とされている。

西暦三〇〇～九〇〇年頃にメキシコ南東部のグアテマラ、ユカタン半島で栄えたマヤ文明では、大変詳細な暦を作っていたが、その暦が二〇一二年十二月二十二日で終了しているのだ。

また、地球に銀河系宇宙の彼方からはフォトンベルト、すなわち電磁波の帯が、二〇一二年に地球をすっぽりと包み込むと言われている。

それが地球に、また人体に、どのような影響を与えるのか。電磁波はすべてのDNAに何らかの変化を与えるだろうと、フォトンベルト研究家・渡邊氏は言っておられる。

さらに謎の星「ニビル」の接近。この星は、公転周期が三六〇〇年という大きな軌道で回っている。遠日点は外宇宙の遥か彼方で、近日点は火星と木星の間にある、細長い楕円軌道を描き、また太陽を横切るように公転するので、交差する星「ニビル」と名付けられた。

その大きさは木星と同じ位で強い電磁波的エネルギーを持っており、近づけば太陽にも地球にも大きな影響を与えるだろう。

また、暗黒星メネシスが近づくのも二〇一二年の冬至、すなわち十二月二十一日頃ではないかと言われている。

ニビルの接近で太陽のフレア活動が大きくなり地球に大きな影響を与えるのも、二〇一二年十二月と、すべてがこの年、この月、この日に集まっている、この不思議な現象。

日月神示には、何もないのだろうか。調べてみると、あったのだ。

上巻三十巻が終わり、五十黙示録七巻が終わり最後の補巻、「紫金の巻」の九帖にあった。

「新しき御世のはじめの辰の年
あらわれ出でし　かくれいし神
かくり世うつし御国の一筋の
光の園と咲き始めにけり」

「子年」を二〇〇八年とすれば辰年は二〇一二年に当たる。この年、新しい真理が現れ、新時代の始まりの年となる、日月神示にはそのように記してあるのだ。

フォトンベルト、ニビルの接近、これらはその強力な電磁波で人間の遺伝子に作用すると考えられる。

日月神示にもこうある。

「半霊半物質の世界に移行するのであるから、半霊半物質の肉体とならねばならん、今のやり方ではどうにもならなくなるぞ、今の世は灰にするより他に方法のない所が沢山あるぞ、灰になる肉体であってはならん、原爆も水爆もビクともしない肉体となれるのであるぞ、今の物質でつくった何物にも影響されない新しき生命が生れつつあるのぞ」

これらを総合してみると、新しい世界は、三次元より五次元に上昇する世界のようであり、フォトンベルトもニビルも神が予定されたものであることがわかるのだ。

その上、新しい世界に入る神（真）理が、これも二〇一二年に現れるとすれば、二〇一二年は新しい世界が出発する年と考えることが出来る。

最後まで隠しておられる神一厘の仕組とは、これらを考え合わせると、これまた神の再創造の最後の摂理の完成、これ以外にないであろう。

日月神示もこれについて予言している。

「富士晴れるぞ、大真理世に出るぞ、新しき太陽が生れるのであるぞ」

「天の理が地に現はれる時が岩戸あけぞ、日本の国が甘露台じゃ」

「スメラ神国とユツタ神国と一つになりなされて末代動かん光の世と致すのじゃ」

待ち望んだ神の国、いよいよ近づいて来たのだ。心のスイッチをONにして、最後の時を喜びをもって全てを受け入れよう。

あとがき

「A書」を読んで、宗教界の終末に対する先入観のに対する先入観の間違いに気づき、誰も知らなかったイエスの使命を知り、このことを早く宗教界に知らせたいと考えてペンを執りました。

とは言っても、私は一クリスチャンであり、聖書の詳しい知識はなく、神の摂理の裏まで想像するのも、また他の宗教のことについて述べるのも、難しいことでありました。

そこに「A書」の著者のご協力を得て、この本が完成しましたことを、厚く感謝しております。

この本を「B書」とするなら、A書が70%、B書が30%、一冊で100%です。

この機会に、この本を読んでくださった方にも、ぜひA書を読まれることをお勧めしたいと思います。

そのA書とは、シオン真極《マキ》氏著の『神の隠したもう一つの選民』（今日の話題社刊）です。この「選民」とは、失われた十支族でもユダヤ民族でもありません。ここに聖書の盲点と神のミステリーがあるのです。この本で、あなたの疑問は全て解けます。

最後になりましたが、「ダンスタンス」の著書からも知識を拝借しましたことを付け加えておきます。彼は神の栄光を現す東の島々をイギリスと思い込み、「最後の摂理がイギリスで完成する」と書いたため、今は絶版となっております。

では皆様、新天地で必ずお目にかかりましょう。

華原いづみ　祈

終　末　――神のミステリー計画のすべてを解く

2012年9月1日　初版第1刷発行

著　　　者　　華原いづみ

発　行　者　　高橋　秀和

発　行　所　　今日《こんにち》の話題社《わだいしや》
東京都港区白金台3-18-1　八百吉ビル4F
TEL 03-3442-9205　FAX 03-3444-9439

印刷・製本　　ケーコム

ISBN978-4-87565-612-8　C0016